Pour les 5-7 ans

• Une série de livres complices à partager avec votre enfant, pour l'aider à faire seul et pour cheminer ensemble sur la route du savoir :

L'odorat et la nature
La vue et les couleurs
L'ouïe et la musique
Le toucher et le corps

Pour les 8-12 ans

• l'Encyclopédie Pratique des Petits Débrouillards

Volume 1. À la découverte de l'eau
Volume 2. L'invisible
Volume 3. Vivre de mille manières
Volume 4. Les secrets de l'air
Volume 5. Planète Terre
Volume 6. Le monde des extrêmes
Volume 7. Des machines pour explorer le monde
Volume 8. L'infiniment petit
Volume 9. L'Univers, la Terre et les humains
Volume 10. Qui sommes-nous ?

• **Le Soleil et ses éclipses**
• **L'eau, un bien à protéger**

Rédaction : Association Nationale des Petits Débrouillards sous la direction de Pascal Desjours
Relecture et conseil pédagogique : Cathy Dillenseger, Professeur des Écoles
Illustrations : Jean-François Martin

Le goût et la cuisine

ALBIN MICHEL JEUNESSE

Sommaire

1. Tire la langue !....................page 4
2. Le glaçon anti-goût................page 10
3. Vive le nez !......................page 16
4. Le jus qui pique !.................page 22
5. Du sel... pas salé !...............page 28
6. Une bouche toute sèche !...........page 34
7. Du chewing-gum de pain.............page 40
8. Fromage et petit-lait..............page 46
9. Des bonbons de pomme de terre !....page 52
10. Des pommes marron.................page 58

LE COIN avant-propos DES PARENTS

Les jeunes enfants qui ne savent pas lire couramment posent de multiples questions. Instinctivement, ils justifient les choses par la magie ou les pouvoirs surnaturels qu'ils s'attribuent (il pleut parce que les fleurs ont soif ou parce que je l'ai demandé aux nuages). Ici 10 expériences et 10 jeux sur le goût permettent à vos enfants de s'amuser avec vous et de trouver des réponses concrètes à leurs interrogations : pourquoi on a une langue ? C'est quoi l'eau dans la bouche ? Pourquoi j'aime mieux une glace au chocolat que le chou-fleur ? Le froid enlève-t-il le goût ? Est-ce que les animaux font la cuisine ? Est-ce qu'on peut manger un citron comme une orange ?

Insatiables curieux, les enfants de moins de 7 ans se passionnent pour les raisonnements réalistes et justes, la richesse du vocabulaire, les jeux de logique simples : tout dans cet ouvrage part de ce qu'ils ressentent et stimule leur capacité à s'étonner du quotidien.

Dans ce parcours d'exploration autour du goût en 10 séquences progressives et cohérentes, deux enfants, Maëlle et Alex, sont guidés par Ours, un compagnon qui en sait long :

- on raconte d'abord une petite scène qui amène la question ;
- on propose une expérience facile à réaliser (avec du matériel de la maison) pour y répondre ;
- on explique aux enfants le phénomène qui vient d'être observé ;
- on fournit, pour vous parents, une explication plus précise, qui vous aidera à adapter votre propos selon l'intérêt et l'âge de votre enfant ;
- on termine par un jeu d'observation ou d'associations.

Observer, faire, échanger, réfléchir... chaque situation rend l'enfant actif, induit un comportement autonome et débrouillard et lui procure le plaisir de comprendre tout en s'amusant.

Tire la langue !

– Oh, la bonne soupe fumante !
dit Alex, affamé.
Vite, vite, il avale une cuillerée.

Aïe ! Aïe ! Ouille !

Il s'est brûlé le bout de la langue.
– Pauvre Alex, se désole Ours,
avec ta langue brûlée tu ne pourras
pas savourer la mousse au chocolat
pour le dessert, tout à l'heure.
– Pourquoi ça ? demande Alex.
– Parce que ta langue est fragile,
répond Ours. Tiens, nous allons
faire une expérience pour
comprendre comment
fonctionne la langue !

🐻 L'expérience

Rassemble ton matériel

- 1 assiette
- du sel
- du sucre en poudre
- du café moulu
- du vinaigre
- 1 verre
- 1 allumette sans le bout de soufre rouge

1

Verse un peu de vinaigre au fond du verre.

Fais 3 petits tas dans l'assiette : un de sel, un de sucre et un de café.

2

Mouille un bout de l'allumette, puis trempe-le dans le sel et déposes-en une petite quantité sur différents points de ta langue. Goûte, avale et recommence avec le sucre et le café.

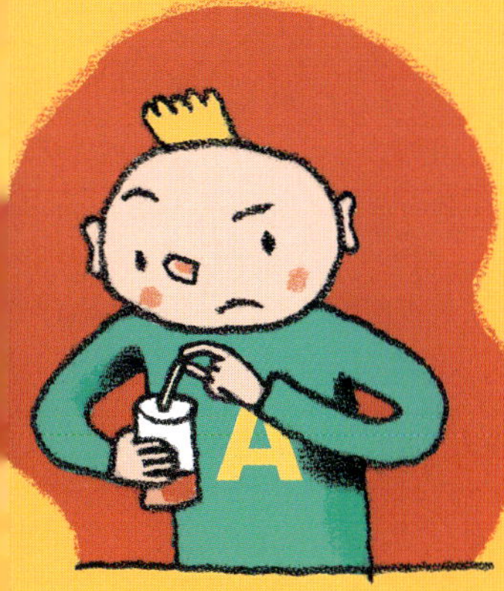

3

Trempe l'allumette
dans le verre
de vinaigre et fais
la même chose.

Sens-tu le goût de chaque aliment sur tous les points de ta langue ?

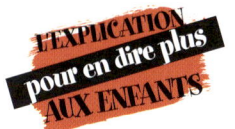

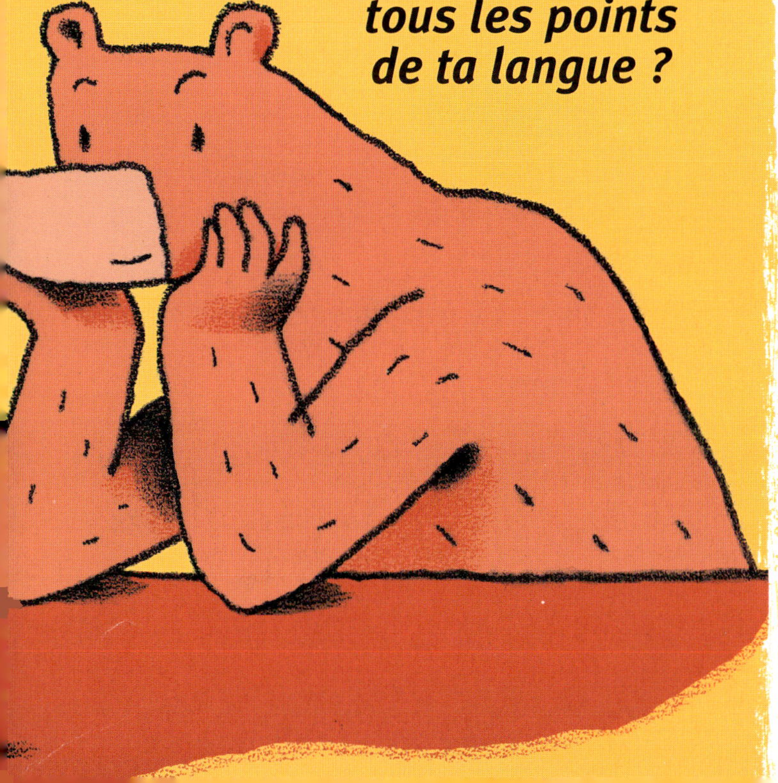

L'EXPLICATION
pour en dire plus
AUX ENFANTS

Comment fonctionne la langue ?

Chacun des aliments que tu as testés a un goût particulier, une saveur : le sel est **salé**, le sucre est **sucré,** le café est **amer**, le vinaigre est **acide**. Ta langue ne reconnaît pas partout les goûts : le sucré et le salé se reconnaissent en avant de la langue, l'acide sur les côtés, et l'amer en arrière. Ce sont les papilles qui, comme sur le dessin, tapissent la langue et nous permettent de reconnaître les saveurs. Le goût est le sens qui nous sert à reconnaître ces 4 saveurs.

Voilà pourquoi Alex ne sentira pas le goût de la mousse au chocolat ! En brûlant le bout de sa langue, la soupe a aussi brûlé ses papilles qui reconnaissent le sucré. Il devra attendre que de nouvelles papilles se forment pour pouvoir se régaler de son dessert préféré !

LE COIN pour en savoir plus DES PARENTS

La langue est l'organe du goût. Elle est recouverte de milliers de petites papilles qui contiennent des groupes de capteurs appelés bourgeons gustatifs, assemblés en forme de quartiers d'orange.
Nous en avons plus de 10 000.
Les bourgeons gustatifs ne se limitent pas à la langue. On en trouve également sur le palais (partie supérieure de la bouche), sur l'épiglotte et dans les membranes qui tapissent la gorge.
Les bourgeons gustatifs sont beaucoup plus nombreux dans la bouche d'un enfant que dans celle d'un adulte, et ils continuent à disparaître lentement à mesure que nous vieillissons.
L'interprétation des goûts est différente suivant les personnes. Certains d'entre nous font la grimace en mordant dans un citron, les autres gardent le sourire. Mais pour tous, la géographie de la langue est identique.

Encore un jeu

Peux-tu rassembler les aliments qui ont la même saveur ?

sucré

salé

amer

acide

épicé

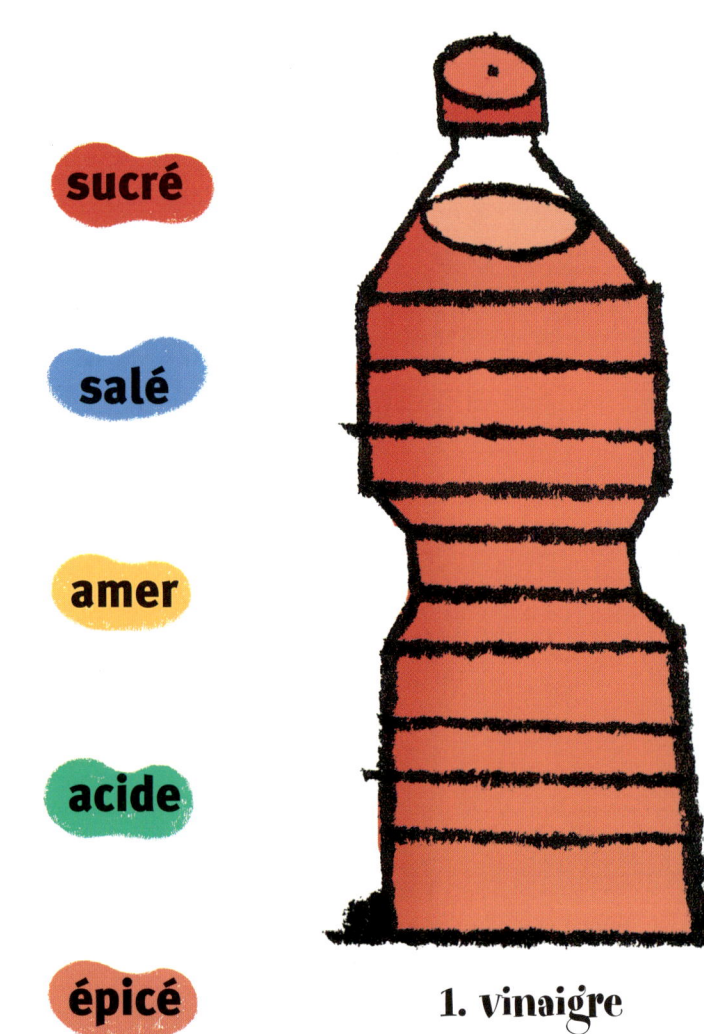

1. vinaigre

4. pot de miel
6. endive
5. citron
2. cacao
7. soupe de légumes
8. fraise
3. jambon cru
9. piment
10. moutarde

Réponse : sucré (4 ; 8) ; salé (3 ; 7) ; amer (2 ; 6) ; acide (1 ; 5) ; épicé (9 ; 10)

Le glaçon anti-goût

– Quelle chaleur ! dit Maëlle, une bonne glace, c'est ça qu'il me faut. Elle prend un sorbet à la fraise dans le congélateur.
– Miam! Miam! Je vais me régaler, se dit-elle en léchant la glace.
Mais Maëlle est déçue, elle ne sent pas du tout le goût de la fraise.
– Eh ! Ours ! Qu'est-ce que c'est que cette glace idiote qui n'a aucun goût ?!
– Je sais pourquoi tu ne sens pas le goût de ta glace ! Et je sais aussi comment lui faire retrouver son goût de fraise. Tu viens faire l'expérience ?

L'expérience

Rassemble ton matériel

- 1 glaçon
- 1 fruit

1 Garde le glaçon dans la bouche pendant une minute.

2 Retire-le de la bouche et mange tout de suite un morceau du fruit.

Quel goût a le fruit ?

3

Attends deux minutes et croque à nouveau dans le fruit.

Le fruit a-t-il retrouvé son goût ?

Pourquoi le froid enlève-t-il le goût ?

Le premier morceau de fruit n'a pratiquement pas de goût ! Alors que la deuxième fois, tu peux bien reconnaître le fruit que tu manges.

Les papilles de ta langue, qui te servent à sentir le goût, ont été engourdies (endormies) par le froid du glaçon. Elles ne fonctionnent plus tout d'abord, puis elles se réchauffent et sont de nouveau capables de sentir le goût.

Pour déguster le sorbet à la fraise, Maëlle aurait dû le sortir du congélateur et le laisser se réchauffer quelques minutes.

Si le sorbet n'est pas trop froid, les papilles ne sont pas engourdies et la langue peut se régaler.

Un peu de patience Maëlle !

LE COIN pour en savoir plus DES PARENTS

La sensation de goût est liée à la température. Les aliments perdent une grande partie de leur saveur quand ils sont froids, parce que le froid les empêche de bien se mélanger à la salive. Mais surtout, le froid engourdit les capteurs de goût de la langue comme il le fait aussi des capteurs du toucher de la peau.

La température idéale pour apprécier la saveur d'un aliment se situe entre 20 et 30°C. Plus froid, un aliment ne libère pas assez de particules de goût ; plus chaud, il peut brûler les capteurs de goût de la langue.

Pour être la plus savoureuse possible, une glace doit déjà être un peu réchauffée à température ambiante.

Encore un jeu

Veux-tu remettre dans l'ordre les 5 dessins de cette histoire ?

1. Papa apporte le plat fumant sur la table.

Réponse : 3 ; 5 ; 4 ; 1 ; 2

2. Le chat mange une grande arête sous la table.

3. Papa ouvre le congélateur.

4. Papa enfourne le poisson posé dans un plat.

5. Papa a en main un poisson congelé dans un sachet.

Vive le nez !

Depuis que Alex est enrhumé,
il a le nez bouché. Il se plaint :
– Comme c'est triste ! Ce que je mange
n'a presque plus de goût !
– C'est à cause de ton nez enrhumé !
explique Ours.
– Comment ça ? Mon nez n'a rien
à voir avec ma bouche !
– Eh si ! s'exclame Ours.
Faisons un petit jeu,
et tu vas comprendre…

L'expérience

Rassemble ton matériel

- 1 carotte
- 1 pomme de terre
- 1 pomme
- 1 navet
- 1 oignon
- 1 morceau de gruyère
- 1 couteau
- 1 bandeau

1 Découpe des petits cubes de même taille de chacun des aliments que tu as rassemblés.

2 Demande à l'adulte de te bander les yeux. Tire la langue. L'adulte doit déposer l'un des cubes sur ta langue, et tu dois deviner de quel aliment il s'agit. Essayez avec tous les cubes, les uns après les autres.

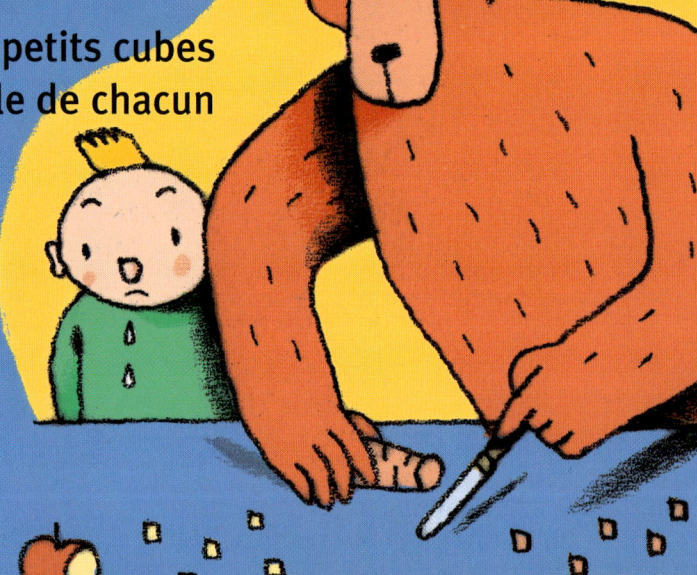

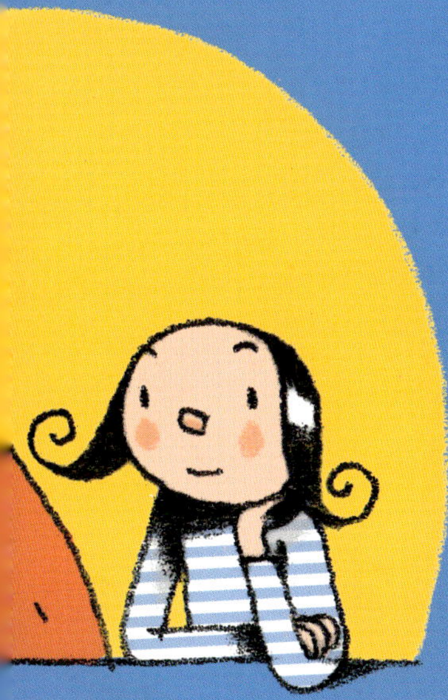

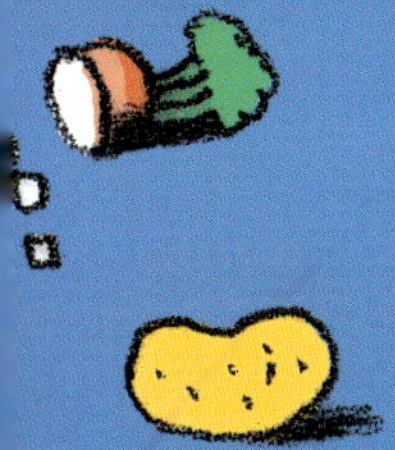

3

Recommencez l'expérience, toujours les yeux bandés et la langue tirée, mais cette fois en te bouchant le nez.

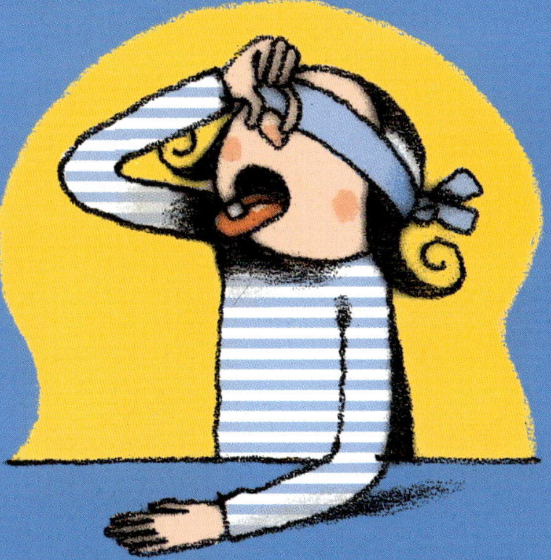

Pourquoi le nez aide-t-il à sentir le goût ?

L'EXPLICATION pour en dire plus AUX ENFANTS

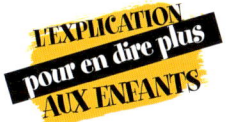

Alors, goûtes-tu avec le nez ou avec la bouche ?

Quand le nez est bouché, tu as bien plus de mal à deviner ce que tu manges ! Les aliments les plus faciles à reconnaître sont peut-être la pomme, qui est plus sucrée, et l'oignon, qui pique un peu. Ta langue ne sait reconnaître que le sucré, le salé, l'acide ou l'amer. Certains aliments ont des goûts qui se ressemblent, comme la pomme de terre et le navet. C'est par leur odeur qu'on peut les distinguer, les reconnaître. Et quand tu as le nez bouché, comme Alex qui est enrhumé, tu ne peux pas sentir l'odeur… et tu ne sais plus dire ce que tu goûtes ! Quand nous mangeons, nous avons besoin de notre langue pour le goût, mais aussi de notre nez qui nous aide à sentir et à apprécier la nourriture.

Les signaux émis au niveau de la langue arrivent au cerveau et sont associés avec ceux venus du nez. Généralement, nous percevons l'odeur avant le goût car les signaux odorants sont plus rapides. Le cerveau analyse ces informations et les compare avec ce qu'il connaît déjà. Nous pouvons alors savoir si ce que nous mangeons est nouveau, si nous l'aimons ou non.

Nous pouvons souvent « goûter » une odeur parce que les molécules odorantes passent du nez dans la bouche. Certaines d'entre elles se mêlent à la salive qui couvre la langue dont elles stimulent les récepteurs (les capteurs). Des animaux comme les serpents utilisent ce processus pour « goûter l'air » en le fouettant de la langue.

Encore un jeu

Avec ton doigt, veux-tu conduire chaque animal vers ce qu'il aime manger ?

1. vache
2. écureuil
4. lion
3. lapin
5. requin

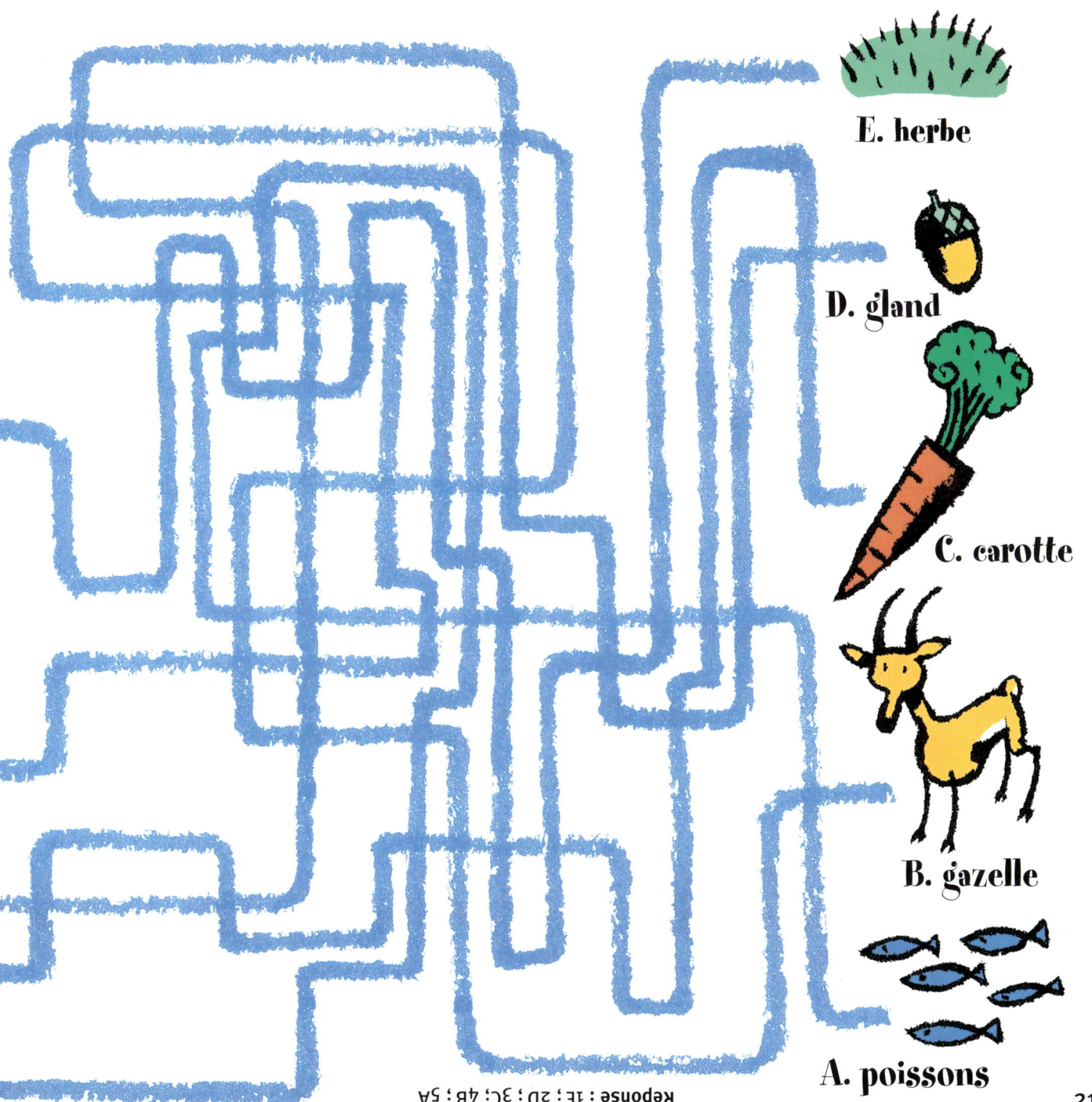

Le jus qui pique !

Alex est mal réveillé. Croyant manger une orange, il croque dans une rondelle de citron !

Ouille, ouille !

– Ça pique ! s'exclame Alex.
Ça pique si fort que j'en pleure !
– Pas de panique, lui dit Ours,
moi je connais une astuce
pour combattre le jus
qui pique la langue…

L'expérience

Rassemble ton matériel

- 1 citron
- de la levure chimique alimentaire, celle qu'on utilise pour les gâteaux !

1 Coupe un citron en deux.

2 Presse un morceau de citron au-dessus de ta langue. Ça pique !

3

L'adulte dépose sur ta langue
une pincée de levure.
Presse alors à nouveau le citron
sur ta langue.

Est-ce que cela pique toujours ?

Comment combattre l'acidité ?

Avec la levure, le jus de citron ne pique plus !
On dit que le jus de citron est **acide**, comme le vinaigre. Il y a sur ta langue un endroit qui sent les choses acides, et ça le pique. Quand tu déposes de la levure, qui est un « anti-acide », elle se mélange, elle réagit avec le citron et lui enlève son goût acide.

Ouf ! Ça ne pique plus !

LE COIN pour en savoir plus DES PARENTS

On dit que la levure est une base, c'est-à-dire le contraire d'un acide. Quand on mélange une base et un acide, tous deux réagissent et perdent alors leur saveur. C'est pour cette raison, par exemple, qu'on peut manger de la mie de pain (base) quand on a pris trop de moutarde.

Encore un jeu

Peux-tu compter le nombre de fruits acides cachés dans ce dessin ?

Réponse : 5 citrons, 2 pamplemousses

Du sel... pas salé !

Alex se prépare un bon bol de chocolat au lait.
Zut, il s'est trompé : il y a versé une pincée de sel au lieu de sucre en poudre. Beurk!

Alex est prêt à tout jeter.
– Stop ! crie Ours. Ne jette pas ton chocolat salé. J'ai une bonne combine pour le sauver.
– Ah bon ? s'étonne Alex. Voyons un peu ce que tu nous prépares.

L'expérience

Rassemble ton matériel

- du sucre en poudre
- du sel fin
- 1 assiette
- 1 cuiller

1
Avec la cuiller, fais 2 petits tas de sucre dans l'assiette.

2
Dans un tas de sucre, mélange une pincée de sel.

3
Retourne-toi et demande à l'adulte de faire tourner l'assiette pour que tu ne saches plus quel est le tas où il y a du sel.

4

En mouillant ton doigt, goûte les grains des deux tas.

Trouves-tu une différence de goût ?

Comment rendre le sel moins salé ?

Tu devines tout de suite quel est le tas avec du sel car il paraît moins sucré que l'autre.

Tout seul, le sel a un goût salé. Quand on l'ajoute à du sucré, on sent moins le goût sucré, mais moins aussi le goût salé. C'est pourquoi Alex peut sauver son petit déjeuner en ajoutant une bonne cuillerée à café de sucre dans son lait chocolaté. Avec beaucoup de sucre, on enlève le goût du sel.

Avec du sel, le sucre semble moins sucré et avec du sucre, le sel semble moins salé.

LE COIN pour en savoir plus DES PARENTS

La saveur salée rehausse le goût des aliments. C'est pourquoi on ajoute du sel dans la pâte d'une tarte, même si celle-ci est sucrée. C'est aussi pourquoi on trouve le pain sans sel si fade. Mais le sel sert aussi à cacher certains goûts déplaisants comme l'amertume du chocolat, de certains légumes (par exemple l'endive) ou l'arrière-goût de certaines viandes. C'est pour cela que, certains amateurs, de café ajoutent une pincée de sel dans le filtre de la cafetière : celui-ci affaiblit la saveur amère de la caféine. Le sel sert donc autant à faire ressortir certains goûts qu'à en contrarier d'autres.

Encore un jeu

Il y a 5 différences entre ces dessins. Veux-tu les retrouver ?
Parmi ces aliments salés, il y en a deux sucrés. Les vois-tu ?

Réponse : saucisson coupé ; lait dans le pot ; part de gâteau ; œuf en moins ; boîte d'ananas. Les éléments sucrés sont la

Une bouche toute sèche !

Il fait très chaud dans la maison : c'est l'hiver et les radiateurs électriques sont
au maximum. Maëlle a la gorge sèche.
– Une sucette me ferait le plus grand bien,
se dit-elle.
Mais la sucette que prend Maëlle n'a aucun goût.
– Ours, qu'est ce que c'est que cette sucette râpeuse qui n'a goût de rien ?
– Je vais t'expliquer, répond Ours. Allons faire un petit jeu.

# L'expérience

Rassemble ton matériel

- 1 feuille de papier absorbant (serviette en papier, essuie-tout)
- 1 carré de chocolat

1 Sèche bien ta langue avec le papier absorbant.

2 Dépose le carré de chocolat sur ta langue.

3

Retire le carré
de chocolat puis avale.

*Reconnais-tu le goût
du chocolat ?*

L'EXPLICATION pour en dire plus AUX ENFANTS

À quoi sert la salive ?

Le chocolat n'a plus de goût ! Lorsqu'on mange un carré de chocolat, on sent le goût sucré grâce à des morceaux minuscules et invisibles, qui sont transportés par la salive sur les papilles de la langue. Ce sont les papilles qui sentent le goût.

Dans l'expérience, le papier a absorbé la salive et la langue est sèche. Quand on dépose le morceau de sucre sur la langue sèche, les papilles ne reçoivent rien. C'est pour cette raison qu'on ne sent pas le goût de chocolat. Voilà ce qui est arrivé à Maëlle : la chaleur de la pièce, comme le papier, a asséché sa bouche. Maëlle n'avait plus assez de salive pour sentir le goût de la sucette.

LE COIN pour en savoir plus DES PARENTS

Pour que l'information du goût soit transmise au cerveau, il faut que les aliments soient sous forme de solution (sous forme liquide). Ils doivent donc être déjà dilués dans du liquide, ou bien se mélanger à notre salive pour que les papilles de la langue puissent détecter leur saveur.

Les différentes saveurs se mélangent dans la salive que nous produisons en mangeant. Le goût est dû alors à des particules invisibles, appelées molécules chimiques, qui sont mélangées dans la salive. Ces molécules sont reconnues par les récepteurs (ou capteurs) des papilles de la langue. Lorsque les récepteurs détectent un goût, ils envoient un signal qui passe le long de fibres nerveuses, en direction du cerveau qui traduit alors l'information chimique.

Encore un jeu

Reconnais-tu toutes ces bonnes choses ? Choisis les 3 plats que tu préfères.

saucisses lentilles ; 6. pizza ; 7. assiette d'araignées ; 8. quiche aux lardons ; pommes de terre sautées ; 15. tranches de saucisson ; 16. haricots verts

Réponse : 1. pot-au-feu ; 2. frites ; 3. coquilles Saint-Jacques ; 4. salade verte ; ... poisson ; 10. épinards ; 11. soupe ; 12. choucroute ; 13. salade de tomates

Du chewing-gum de pain

Lorsqu'il mange, Alex a plein de salive dans la bouche.
– À quoi peut bien servir toute cette eau dans ma bouche ? se demande-t-il.
– En voilà une bonne question ! lui dit Ours. Je crois qu'une petite expérience avec du pain pourra nous donner la réponse.

L'expérience

Rassemble ton matériel

▸ 1 gros morceau de pain (de campagne de préférence)

1
Détache la mie de ton gros morceau de pain.

2

Mâche la mie de pain pendant 3 minutes, sans l'avaler.

Sens-tu le goût du pain changer ?

L'EXPLICATION pour en dire plus AUX ENFANTS

N'y a-t-il que de l'eau dans la salive ?

Plus tu mâches la mie et plus elle a un goût sucré.

C'est comme si tu avais ajouté du sucre dans ta bouche !

C'est parce que la salive ne contient pas que de l'eau. Il y a à l'intérieur des produits, qu'on appelle des enzymes. Ce sont les enzymes de ta salive qui séparent une partie des aliments que tu manges. Dans le pain, il y a de la farine. Et dans la farine, il y a des sucres qui sont rassemblés de telle manière qu'on ne sent leur goût que lorsqu'ils sont séparés les uns des autres par les enzymes de la salive.

C'est ainsi que la digestion commence. La salive prépare le travail de ton estomac. Voilà pourquoi il est important de bien mâcher sa nourriture avant de l'avaler.

LE COIN pour en savoir plus DES PARENTS

La farine avec laquelle est fabriqué le pain contient de l'amidon qui est fabriqué avec des sucres. Assemblés sous forme d'amidon, ces sucres ne réagissent pas avec les papilles de la langue sensibles au goût sucré. Sous l'action d'un enzyme de la salive, l'amylase, l'amidon est détruit, rendant ainsi la liberté aux sucres qui le constituaient.

Lorsque nous avons faim, et que nous avons devant nous un plat qui nous fait envie, nous salivons immédiatement. La salive est le message indiquant que notre corps est prêt à digérer les aliments que nous mangeons.

La digestion des aliments commence dans la bouche avec l'intervention de la salive, un liquide produit par des glandes salivaires situées à l'intérieur de notre bouche. Elle exécute la première partie du travail de digestion. Elle humidifie les aliments que les dents ont broyés et leur permet de mieux se mélanger les uns aux autres. Elle les transforme ainsi en une pâte molle, appelée le bol alimentaire, que nous avalons facilement.

Encore un jeu

Parmi ces aliments, quels sont ceux que tu ne peux pas manger crus ?

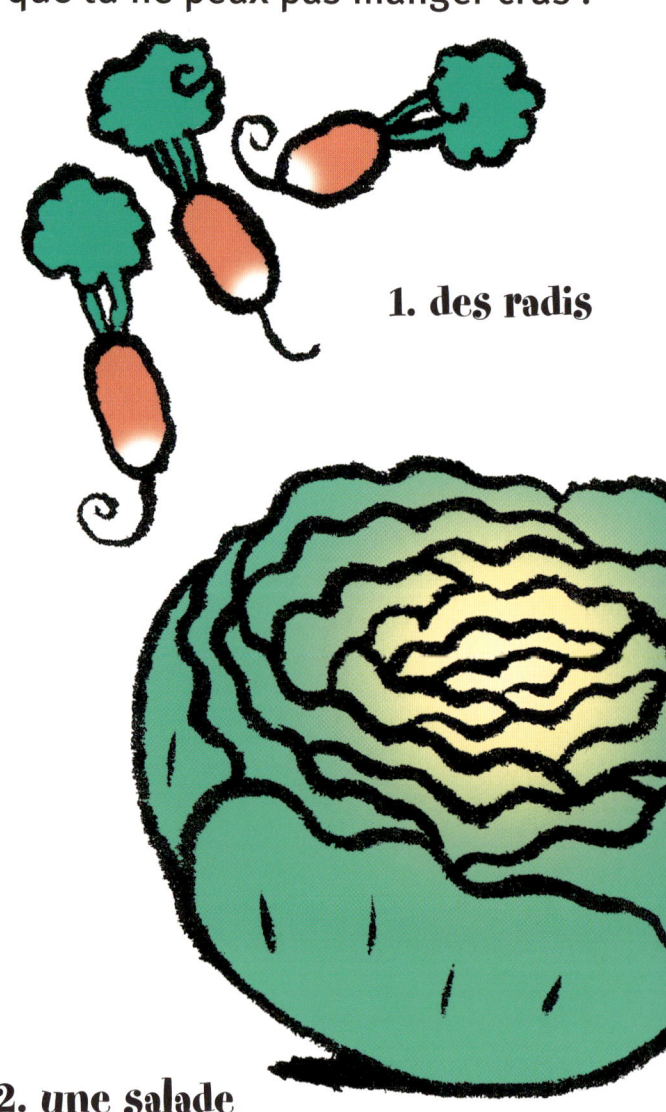

1. des radis

2. une salade

Fromage et petit-lait

– Regardez, dit Alex, quelle drôle de boîte à fromage !
– C'est une faisselle, répond Ours.
– On dirait une passoire. Tout le jus du fromage coule !
– Suis-moi, propose Ours. Allons voir à quoi sert cette passoire.

L'expérience

Rassemble ton matériel

- du fromage blanc « à la faisselle »
- 1 verre
- 1 cuiller

1 Enlève la passoire et le fromage du pot.

2 Verse le liquide qui se trouve au fond du pot dans le verre.

3 Goûte le fromage.

4

Goûte une gorgée de ce liquide.

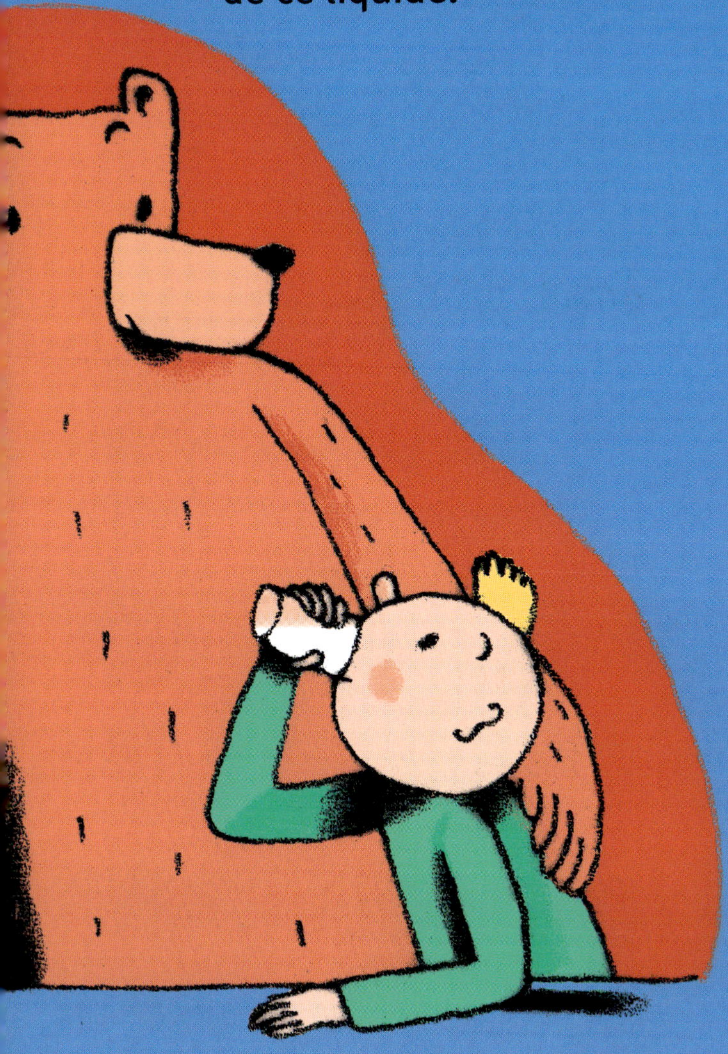

Ont-ils le même goût ?

L'EXPLICATION pour en dire plus AUX ENFANTS

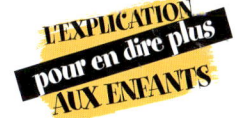

Qu'y a-t-il dans ce fromage ?

Le liquide a un goût plus piquant, plus acide que le fromage !
Le fromage est fait avec du lait.
Le lait, c'est de l'eau avec plein d'éléments dedans. Quand on laisse une bouteille de lait ouverte plusieurs jours sans la boire, les différents éléments qui composent le lait se séparent. On dit que le lait caille. Une partie blanche, qui a un goût assez doux, durcit et donne une sorte de fromage. Une autre partie reste liquide, elle a un goût piquant, acide. Quand les deux parties étaient mélangées, elles avaient un autre goût, le goût du lait. Dans la faisselle, le fromage reste bien humide, bien tendre. Mais pour le manger, il vaut mieux enlever le liquide acide. La passoire sert à éliminer ce liquide et donc à ôter l'acidité du fromage.

LE COIN pour en savoir plus DES PARENTS

Le lait contient des protéines dont la plus importante est la caséine. En coagulant (les protéines se regroupent et durcissent), la caséine provoque la formation de fromage ou de yaourt. Cette coagulation se fait sous l'action d'un acide. Le lait caille naturellement car il contient lui-même un acide, l'acide lactique. C'est lui que l'on retrouve dans le liquide qui s'écoule, appelé petit-lait, et qui donne ce goût... acide.

Pour fabriquer du fromage, les fromagers rajoutent de l'acide lactique dans le lait, ou y mettent de la présure. La présure est un enzyme que l'on retrouve dans l'estomac des veaux et qui permet aussi à la caséine de coaguler.

Encore un jeu

Peux-tu retrouver les étiquettes de ces fromages ?

Réponse : 1C ; 2D ; 3A ; 4B

Des bonbons de pomme de terre !

Alex et Maëlle veulent préparer une surprise exceptionnelle à leur papa.
Mais quoi ? Ours a une idée :
– Et si vous lui faisiez des bonbons de pomme de terre ?
– Tu es fou, Ours, s'exclament les enfants, ces bonbons-là n'existent pas !
– Eh bien ! c'est ce qu'on va voir. Suivez-moi… Je vais vous montrer comment faire de drôles de bonbons.

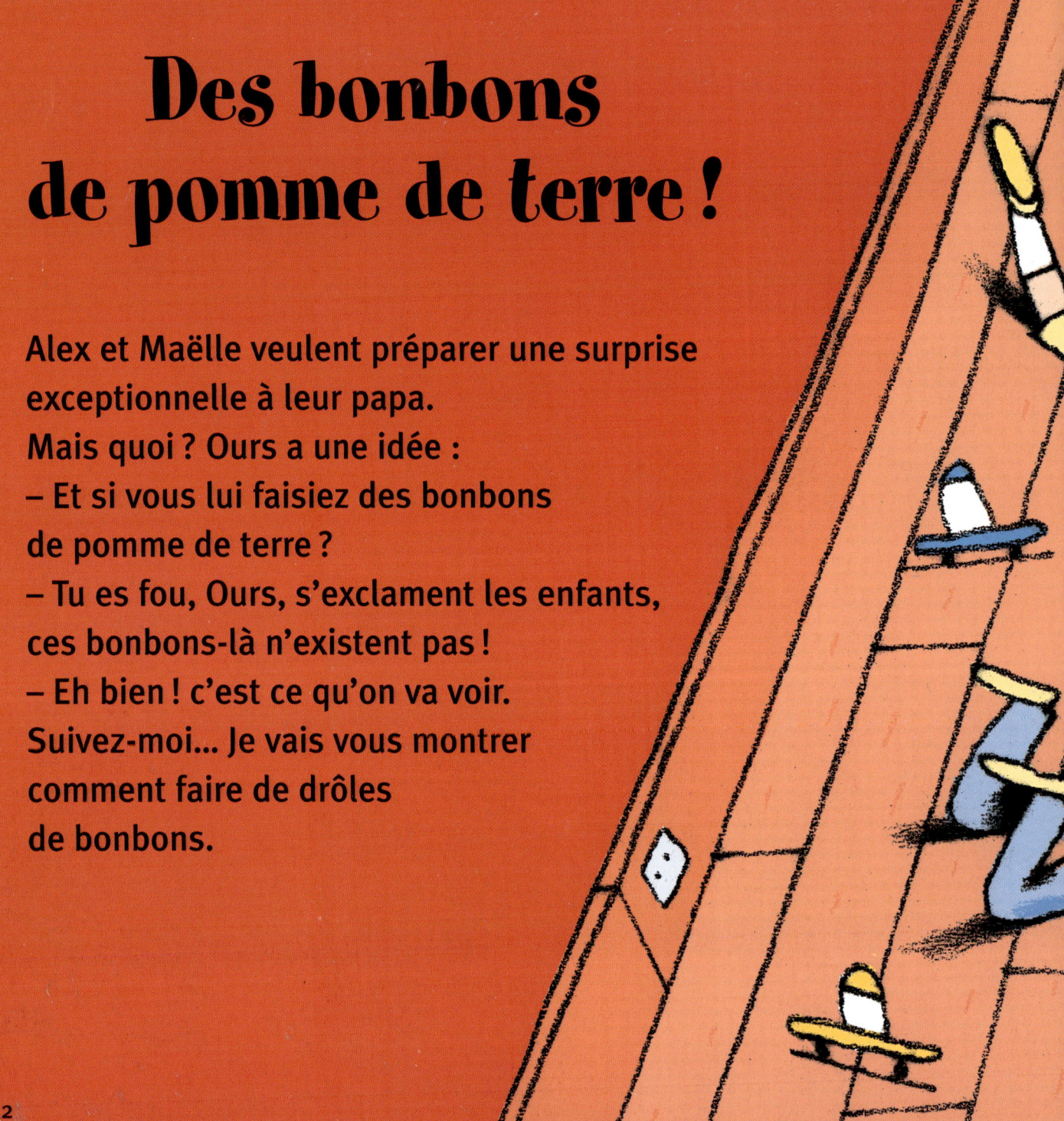

Rassemble ton matériel

- 1 pomme de terre épluchée
- 1 couteau
- 1 bol
- 1 passoire
- du sucre en poudre
- 1 cuiller à soupe
- de l'eau très chaude du robinet

L'expérience

Avec les attentes, durée : 3 heures et 15 minutes.

1

Découpe des petits cubes de pomme de terre et goûtes-en un. Dépose-les dans le bol rempli d'eau très chaude, ne te brûle pas !

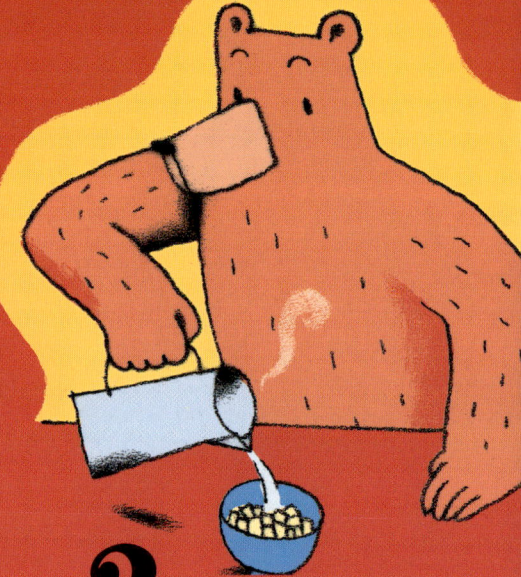

2

Au bout de 15 minutes, égoutte-les et laisse-les refroidir. Pendant ce temps, remplis la moitié du bol d'eau et ajoute beaucoup de sucre, tout en remuant, jusqu'à ce qu'il ne se mélange plus à l'eau. Trempe les cubes 1 heure dans le bol d'eau sucrée puis vide l'eau.

3

Remplis à nouveau le bol d'eau chaude en rajoutant du sucre. Attends encore 1 heure et recommence une troisième fois.

5

Laisse égoutter et sécher les cubes.

Quel goût ont les cubes de pomme de terre ?

Comment la pomme de terre est-elle devenue sucrée ?

Les cubes de pomme de terre sont devenus sucrés ! Tu as fait des bonbons de pomme de terre !

Du sucre est donc entré dans la pomme de terre.

Comme tous les fruits et les légumes, la pomme de terre contient beaucoup d'eau, retenue par de minuscules parois.

L'eau chaude a d'abord ramolli les parois des cubes de pomme de terre. Une fois ramollies, les parois ont laissé passer un peu du sucre. Plus l'eau du bol est sucrée, plus le sucre entre dans les cubes. C'est pourquoi tu dois changer l'eau du bol plusieurs fois, quand elle a perdu son sucre dans les cubes. Au bout du compte, on obtient de la pomme de terre confite.

Vive les bonbons de l'ami Ours !

LE COIN pour en savoir plus DES PARENTS

Les aliments contiennent de l'eau, où se trouvent tous les éléments nécessaires à la vie, comme des sels, des sucres, des protéines, etc. L'eau et ces éléments sont enfermés dans des cellules dont les parois peuvent laisser passer de l'eau ou des éléments microscopiques comme les sels, mais pas le sucre, par exemple. Dans l'expérience, les parois sont fragilisées par la chaleur et laissent ainsi passer le sucre de façon à ce que la concentration de sucre dans l'eau des cubes soit la même que celle existant dans l'eau du bol. C'est-à-dire que la quantité de sucre dissous dans un volume d'eau du bol est la même que dans le même volume d'eau des cubes. C'est ce qu'on appelle l'osmose.
On peut ainsi faire passer dans des aliments des particules de plantes aromatiques comme le romarin, et des produits qui permettent de les conserver ou de faire ressortir leur goût.

Encore un jeu

Un de ces ingrédients ne sert à rien pour faire un gâteau. Peux-tu le trouver ?

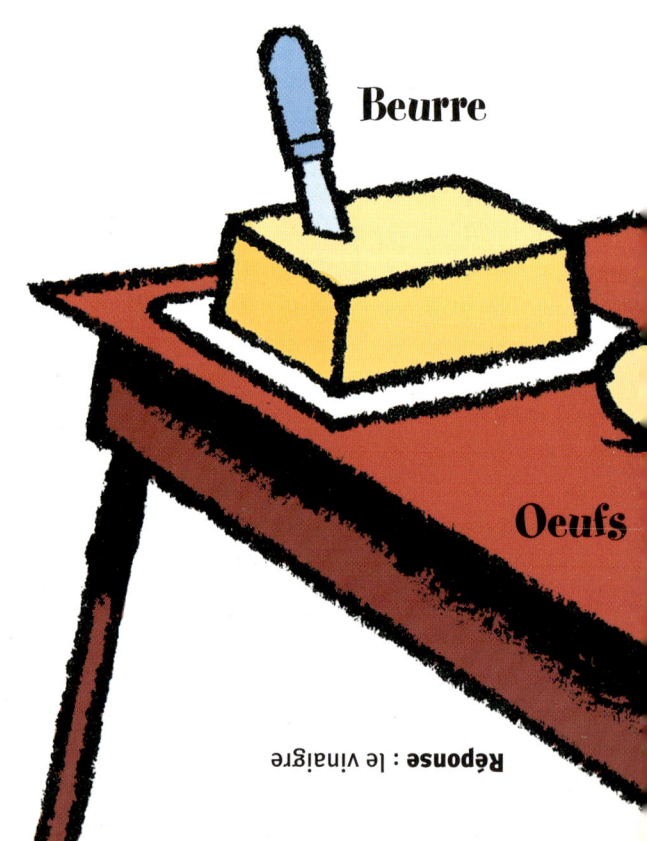

Beurre

Oeufs

Réponse : le vinaigre

Des pommes marron

Maëlle est malheureuse : ce matin, elle a décidé de découper la pomme de son goûter en avance pour pouvoir la manger plus vite à 5 heures.
Mais quand elle est revenue de l'école, les morceaux étaient devenus tout marron !
– Au secours Ours. Qu'est-il arrivé à ma pomme ? demande Maëlle.
– Ce n'est rien ! dit Ours. Je connais un petit jeu qui va t'aider à comprendre ce qui s'est passé.

Rassemble ton matériel

- 1 pomme
- du vinaigre
- 1 pinceau
- 1 assiette

L'expérience

L'expérience se réalise en 2 heures.

1 Coupe 3 morceaux de pomme.

2 Laisse 2 morceaux sur une assiette, à l'air libre, mais badigeonne l'un des deux avec du vinaigre. Pose le 3ᵉ morceau dans le réfrigérateur.

3

Attends 2 heures, puis retourne voir ce qui est arrivé à tes morceaux de pomme.

Les 3 morceaux se ressemblent-ils encore ?

Pourquoi les fruits coupés s'abîment-ils à l'air ?

Seul le morceau de pomme laissé à l'air libre, sans vinaigre, a bruni ! Dans la pomme, la chair est protégée de l'air par la peau. Mais sans la peau, lorsque certains morceaux minuscules de la pomme rencontrent de l'air, ils se transforment, deviennent marron et changent de goût.

Le vinaigre est acide, piquant. Il a agi sur ces morceaux en les empêchant de se mélanger à l'air. Le froid du réfrigérateur a ralenti leur réaction et les morceaux ne sont pas devenus bruns.

Voilà donc des moyens de conserver des fruits coupés à l'avance. Tu remarqueras que les tomates et le citron, qui sont acides, comme le vinaigre, ne brunissent pas quand ils sont coupés.

La prochaine fois, Maëlle pourra préparer une tomate pour son goûter…!

LE COIN pour en savoir plus DES PARENTS

Lorsque l'on coupe un fruit ou un légume, on casse les cellules qui sont sur les bords de la coupure. Ces cellules libèrent alors sur la surface des enzymes (des protéines qui aident certaines réactions chimiques à se faire). Certains enzymes attrapent l'oxygène de l'air et le font réagir avec d'autres éléments contenus dans la cellule. Ces éléments brunissent.

L'action des enzymes est ralentie par le froid et inhibée par l'acidité. La cuisson détruit les enzymes. C'est pour cela que les fruits cuits ne brunissent pas.

Encore un jeu

Jeu de devinettes.
Peux-tu deviner qui est qui ?

Réponses : 1C ; 2A ; 3E ; 4D ; 5B

1. Je pousse à ras de terre, je suis juteuse et parfumée ; ma chair est fondante et un peu sucrée.
   Qui suis-je ?

2. Nous sommes salés et croustillants ; on nous grignote en attendant le repas.
   Qui sommes-nous ?

3. Je suis noir, liquide et amer. On me boit chaud et l'on dit que j'empêche les adultes de dormir.
   Qui suis-je ?

4. Je suis vert et croquant. Je baigne dans le vinaigre et suis un peu âpre. J'accompagne le poulet aussi bien que le pâté.
   Qui suis-je ?

5. On me cueille en automne, on me croque. Mais ma chair bien ferme peut être sucrée, acidulée et même acide. Je peux finir en compote ou en tarte.
   Qui suis-je ?

© 2000 Albin Michel Jeunesse -22, rue Huyghens 75014 Paris
- Loi 49 956 du 16 juillet 1949 sur les publications destinées à la jeunesse
- Dépôt légal premier semestre 2000 - N° d'édition 11 872 - ISBN 2 226 11 249 9
- L'appellation Les Petits Débrouillards est une marque déposée
Petits Débrouillards, La Halle aux cuirs, 2, rue de la Clôture 75930 Paris Cedex 19
- Imprimé en France par Pollina. N° 79706
Site Internet : www.albin-michel.fr